Impressum
Verlag: BABADADA GmbH, Nedderfeld 112 , 22529 Hamburg
Geschäftsführer / Verlagsleitung: Harald Hof
Druck: Books on Demand GmbH, In de Tarpen 42, 22848 Norderstedt

Imprint
Publisher: BABADADA GmbH, Nedderfeld 112 , 22529 Hamburg, Germany
Managing Director / Publishing direction: Harald Hof
Print: Books on Demand GmbH, In de Tarpen 42, 22848 Norderstedt, Germany

mokykla
škola

dalinti
dělit

186/2

klasė
třída

lenta
tabule

mokyklos kiemas
školní hřiště

mokytojas
učitel

popierius
papír

rašyti
psát

rašiklis
pero

rašomasis stalas
psací stůl

liniuotė
pravítko

knyga
kniha

mokinys
žák

kuprinė

aktovka

penalas

penál

pieštukas

tužka

drožtukas

ořezávátko

trintukas

guma

piešimo bloknotas

blok na kreslení

piešinys

výkres

teptukas

štětec

dažų dėžutė

malířské potřeby

žirklės

nůžky

klijai

lepidlo

vadovėlis

cvičebnice

namų darbai

domácí úkol

12

numeris

počet

2+2

pridėti

sčítat

5-2

atimti

odčítat

2×2

dauginti

násobit

skaičiuoti

počítat

raidė

písmeno

ABCDEFG
HIJKLMN
OPQRSTU
VWXYZ

abėcėlė

abeceda

žodis

slovo

tekstas

text

skaityti

číst

kreida

křída

pamoka

hodina

dienynas

třídní kniha

egzaminas

zkouška

pažymėjimas

vysvědčení

mokyklinė uniforma

školní uniforma

išsilavinimas

vzdělání

enciklopedija

encyklopedie

universitetas

univerzita

mikroskopas

mikroskop

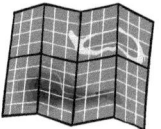

žemėlapis

karta

šiukšliadėžė

odpadkový koš na papír

viešbutis
hotel

svečių namai
ubytovna

valiutos keitykla
smĕnárna

lagaminas
kufr

mašina
auto

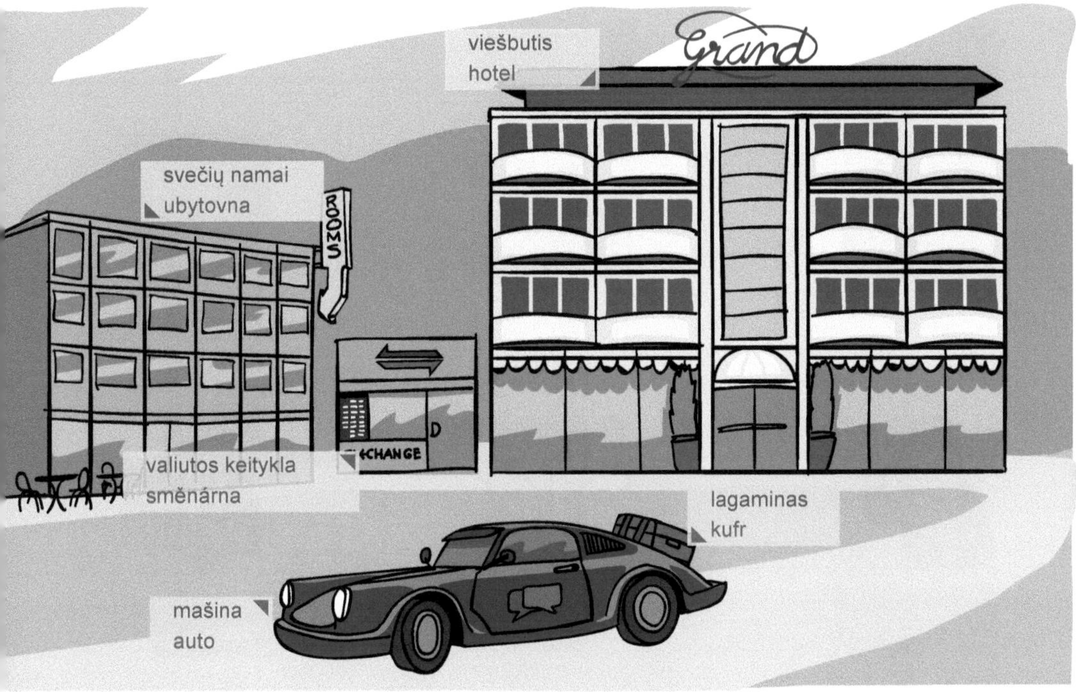

kalba
jazyk

taip / ne
ano / ne

Gerai
oukej

sveiki
Ahoj!

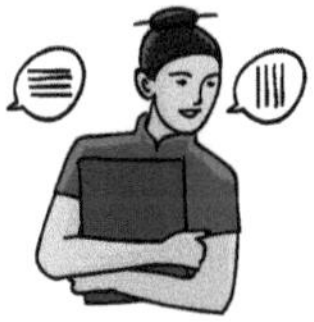

vertėjas raštu
překladatel

Ačiū
děkuji

kiek kainuoja...?

Kolik stojí...?

aš nesuprantu

nerozumím

problema

problém

Labas vakaras!

Dobrý večer!

Labas rytas!

Dobré ráno!

Labos nakties!

Dobrou noc!

viso gero

na shledanou

kryptis

směr

bagažas

zavazadlo

krepšys

taška

kuprinė

batoh

svečias

host

kambarys

pokoj

miegmaišis

spací pytel

palapinė

stan

kelionė - cesta

turizmo informacija

turistické informace

paplūdimys

pláž

kreditinė kortelė

kreditní karta

pusryčiai

snídaně

pietūs

oběd

vakarienė

večeře

bilietas

jízdenka

liftas

výtah

pašto ženklas

poštovní známka

siena

hranice

muitinė

clo

ambasada

poselství

viza

vízum

pasas

pas

transportas
transport

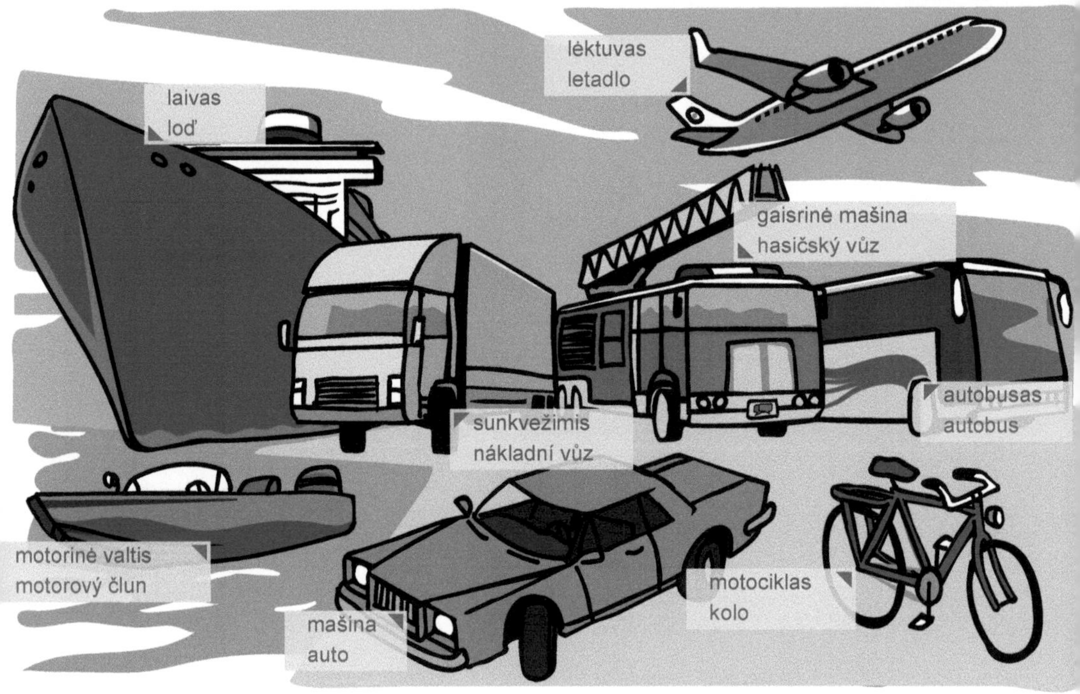
lėktuvas
letadlo
laivas
loď
gaisrinė mašina
hasičský vůz
autobusas
autobus
sunkvežimis
nákladní vůz
motorinė valtis
motorový člun
motociklas
kolo
mašina
auto

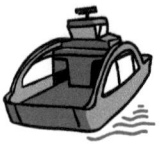

keltas

přívoz

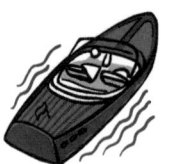

valtis

člun

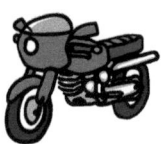

mopedas

motorka

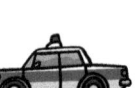

policijos automobilis

policejní auto

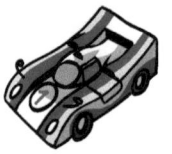

lenktyninis automobilis

závodní auto

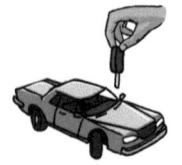

nuomojamas automobilis

pronajaté auto

bendras automobilio
naudojimas

sdílení aut

techninės pagalbos
automobilis

odtahová služba

šiukšliavežė

popelářský vůz

variklis

motor

degalai

palivo

degalinė

čerpací stanice

kelio ženklas

dopravní značka

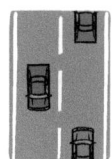

eismas

doprava

eismo spūstis

dopravní zácpa

mašinų stovėjimo aikštelė

parkoviště

traukinių stotis

vlakové nádraží

bėgiai

koleje

traukinys

vlak

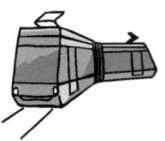

tramvajus

tramvaj

vagonas

vagón

sraigtasparnis

helikoptéra

oro uostas

letiště

bokštas

věž

keleivis

pasažér

konteineris

kontejner

déžė

kartón

vežimėlis

trakař

krepšys

koš

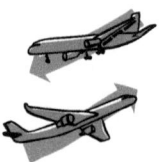

pakilti / nusileisti

vzlétnout / přistát

miestas
město

kaimas

vesnice

miesto centras

střed města

namas

dům

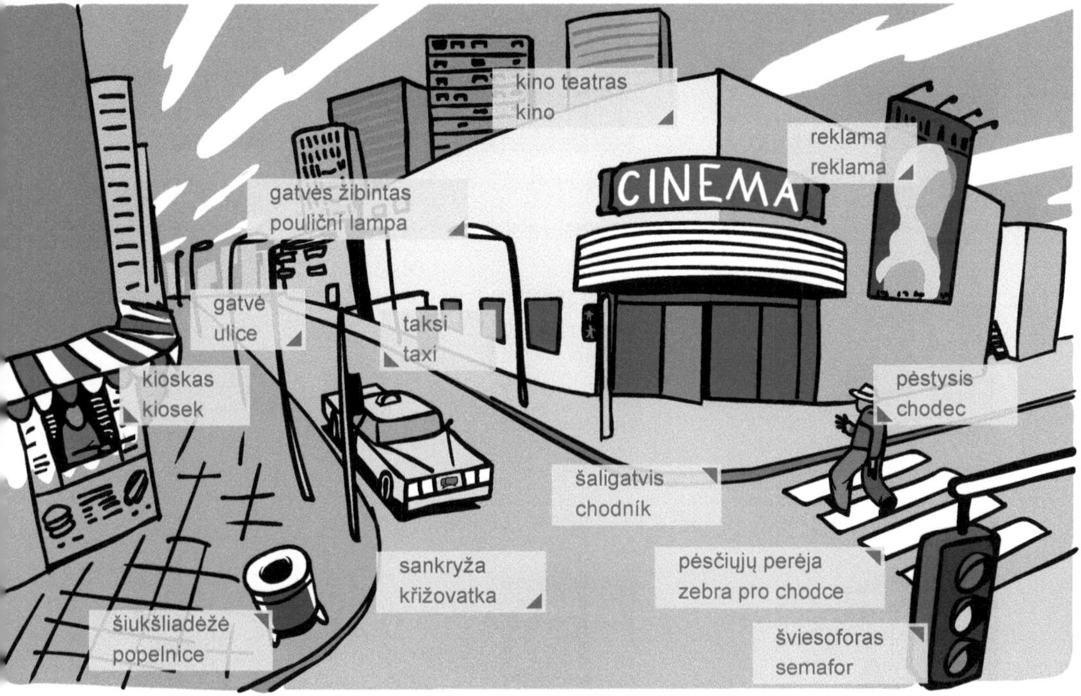

kino teatras
kino

reklama
reklama

gatvės žibintas
pouliční lampa

CINEMA

gatvė
ulice

taksi
taxi

pėstysis
chodec

kioskas
kiosek

šaligatvis
chodník

sankryža
křižovatka

pėsčiųjų perėja
zebra pro chodce

šiukšliadėžė
popelnice

šviesoforas
semafor

trobelė
chata

butas
byt

traukinių stotis
vlakové nádraží

rotušė
radnice

muziejus
muzeum

mokykla
škola

universitetas

univerzita

bankas

banka

ligoninė

nemocnice

viešbutis

hotel

vaistinė

lékárna

biuras

kancelář

knygynas

knihkupectví

parduotuvė

obchod

gėlių parduotuvė

květinářství

prekybos centras

supermarket

turgus

tržnice

universalinė parduotuvė

obchodní dům

žuvies parduotuvė

rybárna

prekybos centras

nákupní centrum

uostas

přístav

parkas

park

suoliukas

lavička

tiltas

most

laiptai

schody

metro

metro

tunelis

tunel

autobusų stotelė

autobusová zastávka

baras

bar

restoranas

restaurace

lauko pašto dėžutė

poštovní schránka

kelio ženklas

pouliční tabule

parkomatas

parkovací hodiny

zoologijos sodas

zoo

baseinas

plovárna

mečetė

mešita

ūkininko ūkis

usedlost

tarša

znečišťování životního prostředí

kapinės

hřbitov

bažnyčia

církev

žaidimų aikštelė

hřiště

šventykla

chrám

kraštovaizdis
krajina

lapas
list

kelio rodyklė
rozcestník

kelias
cesta

pieva
louka

akmuo
kámen

medis
strom

ėjikas
turista

upė
řeka

žolė
tráva

gėlė
květina

slėnis

údolí

kalva

hora

ežeras

jezero

miškas

les

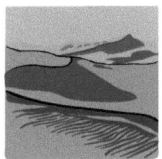

dykuma

poušť

ugnikalnis

sopka

pilis

zámek

vaivorykštė

duha

grybas

houba

palmė

palma

uodas

komár

musė

moucha

skruzdėlė

mravenec

bitė

včela

voras

pavouk

vabalas
brouk

varlė
žába

voverė
veverka

ežys
ježek

kiškis
zajíc

pelėda
sova

paukštis
pták

gulbė
labuť

šernas
divoké prase

elnias
jelen

briedis
los

užtvanka
přehrada

vėjo jėgainė
větrné kolo

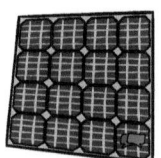

saulės baterija
solární panel

klimatas
podnebí

restoranas
restaurace

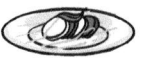

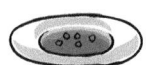

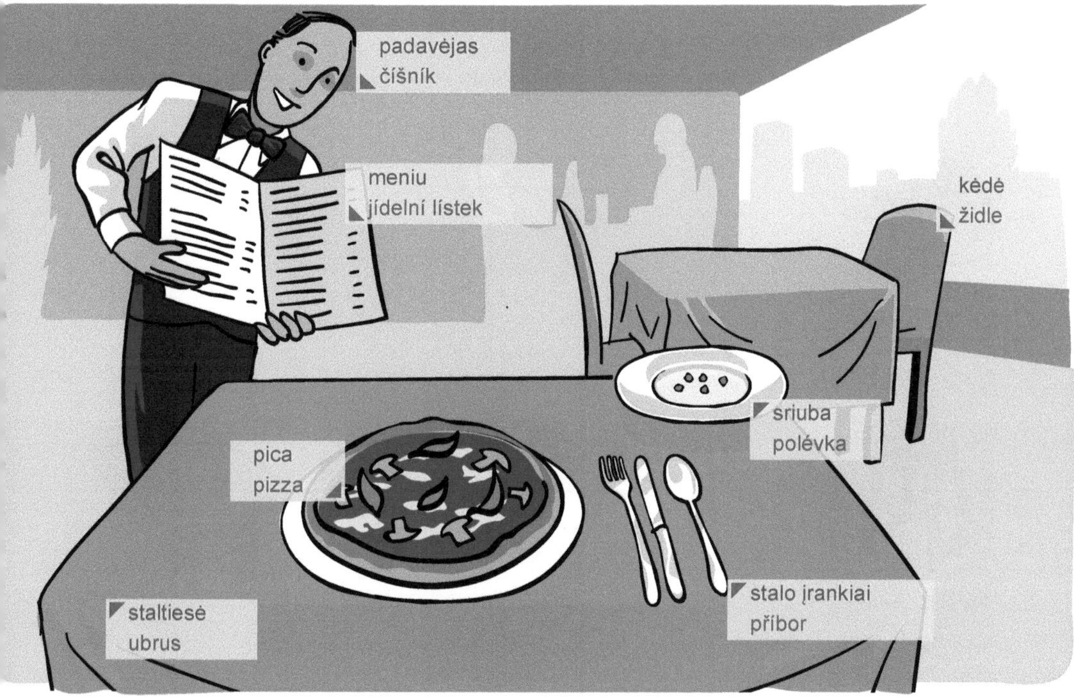
padavėjas
číšník
meniu
jídelní lístek
kėdė
židle
sriuba
polévka
pica
pizza
staltiesė
ubrus
stalo įrankiai
příbor

užkandis

předkrm

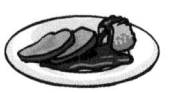

pagrindinis patiekalas

hlavní chod

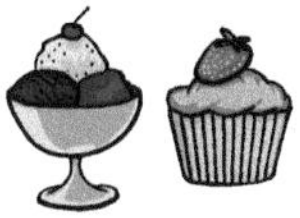

desertas

dezert

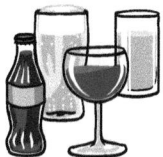

gėrimai

nápoje

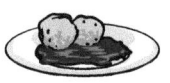

maistas

jídlo

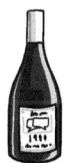

butelis

láhev

greitai pateikiamas maistas

rychlé občerstvení

gatvės maistas

pouliční občerstvení

arbatinukas

čajová konvice

cukrinė

cukřenka

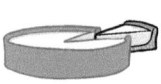

porcija

porce

espreso aparatas

kávovar na espresso

aukšta kėdė

dětská stolička

sąskaita

faktura

padėklas

tác

peilis

nůž

šakutė

vidlička

šaukštas

lžíce

arbatinis šaukštelis

čajová lyžička

servetėlė

ubrousek

stiklinė

sklenička

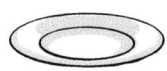

lėkštė
talíř

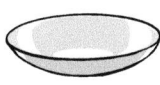

sriubos lėkštė
talíř na polévku

padėklas
podšálek

padažas
omáčka

druskinė
slánka

pipirų malūnėlis
mlýnek na pepř

actas
ocet

aliejus
olej

prieskoniai
koření

kečupas
kečup

garstyčios
hořčice

majonezas
majonéza

prekybos centras
supermarket

specialus pasiūlymas
nabídka
FOR
pirkėjas
zákazník
pieno produktai
mléčné výrobky
vaisiai
ovoce
troleibusas
nákupní vozík

BUTCHERS

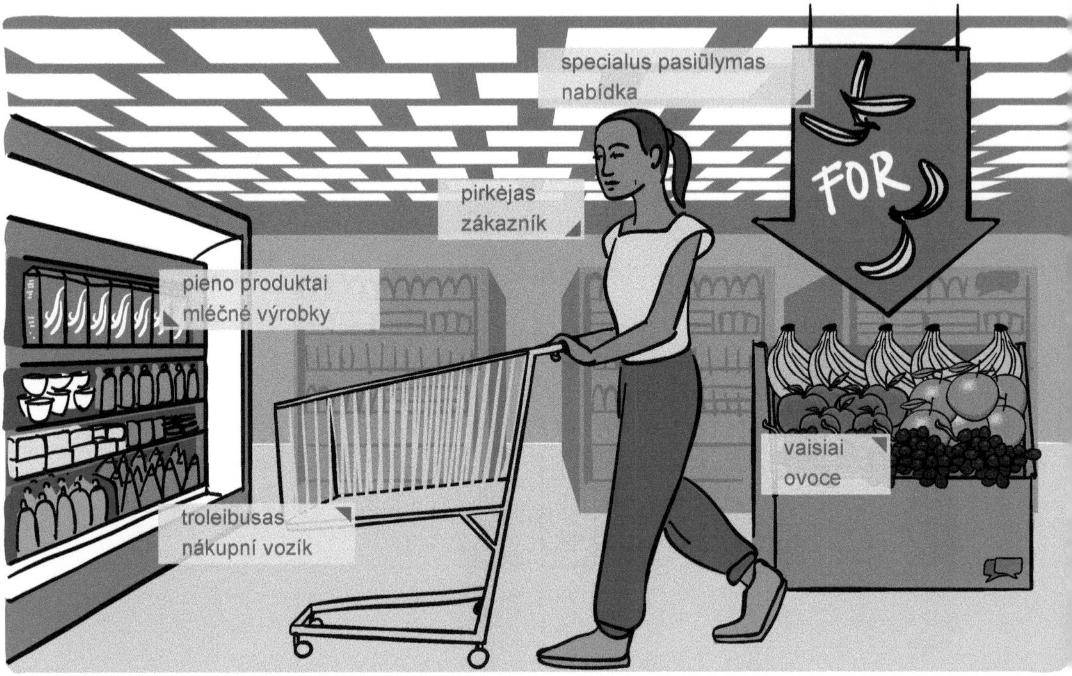

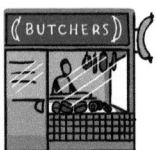

mėsos parduotuvė

masna

BAKERY

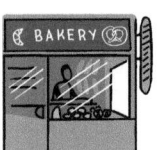

kepykla

pekařství

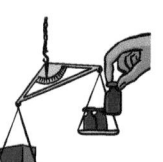

sverti

vážit

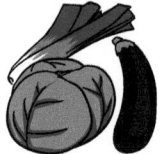

daržovės

zelenina

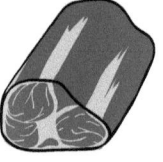

mėsa

maso

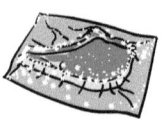

šaldytas maistas

mražené potraviny

šalti mėsos užkandžiai

obložený talíř

konservai

konzervy

skalbimo milteliai

prací prášek

saldumynai

cukrovinky

ūkinės prekės

výrobky pro domácnost

valymo priemonės

čisticí prostředek

pardavėja

prodavačka

kasos aparatas

pokladna

kasininkas

pokladní

pirkinių sąrašas

nákupní seznam

darbo valandos

otevírací doba

piniginė

peněženka

kreditinė kortelė

kreditní karta

maišelis

taška

plastikinis maišelis

igelitová taška

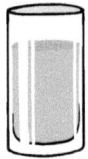

vanduo

voda

sultys

džus

pienas

mléko

kola

kola

vynas

víno

alus

pivo

alkoholis

alkohol

kakava

kakao

arbata

čaj

kava

káva

espresas

espresso

kapučinas

kapučíno

bananas

banán

obuolys

jablko

apelsinas

pomeranč

arbūzas

meloun

citrina

citrón

morka

mrkev

česnakas

česnek

bambukas

bambus

svogūnas

cibule

grybas

houba

riešutai

ořechy

makaronai

těstoviny

spagečiai

špageti

ryžiai

rýže

salotos

salát

traškučiai

hranolky

keptos bulvės

americké brambory

pica

pizza

mėsainis

hamburger

sumuštinis

sendvič

pjausnys

řízek

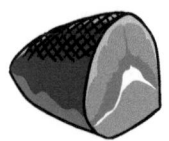

kumpis

šunka

saliamis

salám

dešrelė

salám

vištiena

kuře

kepsnys

pečeně

žuvis

ryby

avižų dribsniai

ovesné vločky

dribsniai su priedais

müsli

kukurūzų dribsniai

vločky

miltai

mouka

prancūziškasis ragelis

croissant

bandelė

houska

duona

chléb

skrebutis

toast

sausainiai

sušenky

sviestas

máslo

varškė

tvaroh

tortas

buchta

kiaušinis

vejce

kiaušinienė

volské oko

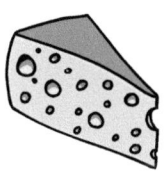

sūris

sýr

ledai

zmrzlina

cukrus

cukr

medus

med

uogienė

marmeláda

tepamas šokoladas

nugátový krém

karis

kari

ūkininko ūkis
usedlost

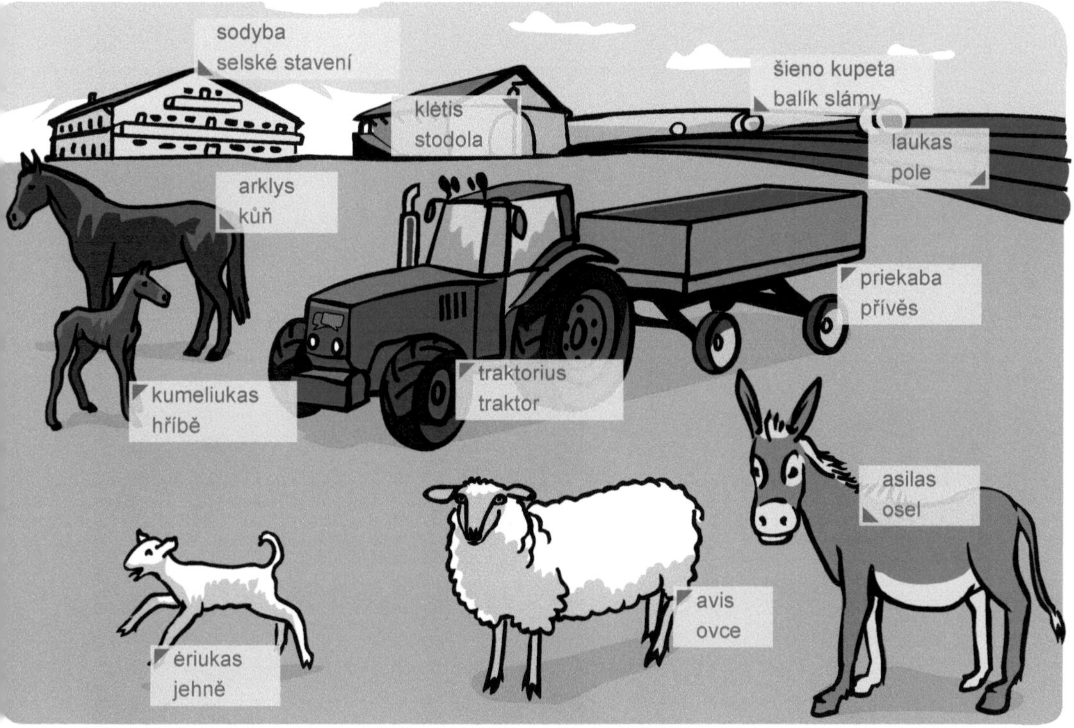

sodyba
selské stavení
klėtis
stodola
šieno kupeta
balík slámy
laukas
pole
arklys
kůň
priekaba
přívěs
kumeliukas
hříbě
traktorius
traktor
asilas
osel
avis
ovce
ėriukas
jehně

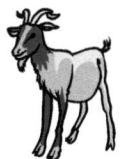

ožys

koza

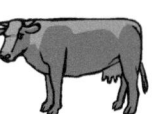

karvė

kráva

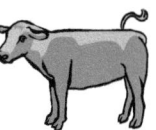

veršis

tele

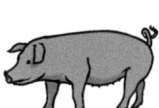

kiaulė

prase

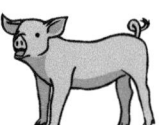

paršelis

sele

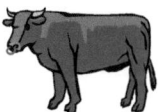

bulius

býk

žąsis

husa

antis

kachna

viščiukas

kuře

višta

slepice

gaidys

kohout

žiurkė

krysa

katė

kočka

pelė

myš

jautis

vůl

šuo

pes

šuns būda

psí bouda

sodo namas

zahradní hadice

laistytuvas

kropicí konev

dalgis

kosa

plūgas

pluh

pjautuvas

srp

kauptukas

motyka

šakės

vidle

kirvis

sekera

statinė

kolecko

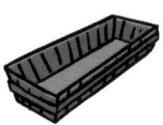

lovys

koryto

bidonas

konev na mléko

maišas

pytel

tvora

plot

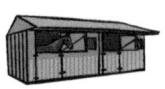

arklidė

stáj

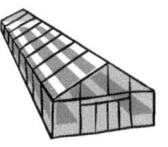

šiltnamis

skleník

dirva

půda

sėkla

osivo

trąšos

hnojivo

kombainas

kombajn

rinkti

sklidit

derlius

sklizeň

saldžiosios bulvės

smldinec

kviečiai

pšenice

soja

sója

bulvė

brambora

kukurūzai

kukuřice

rapsai

řepka

vaismedis

ovocný strom

manijokas

maniok

grūdai

obilí

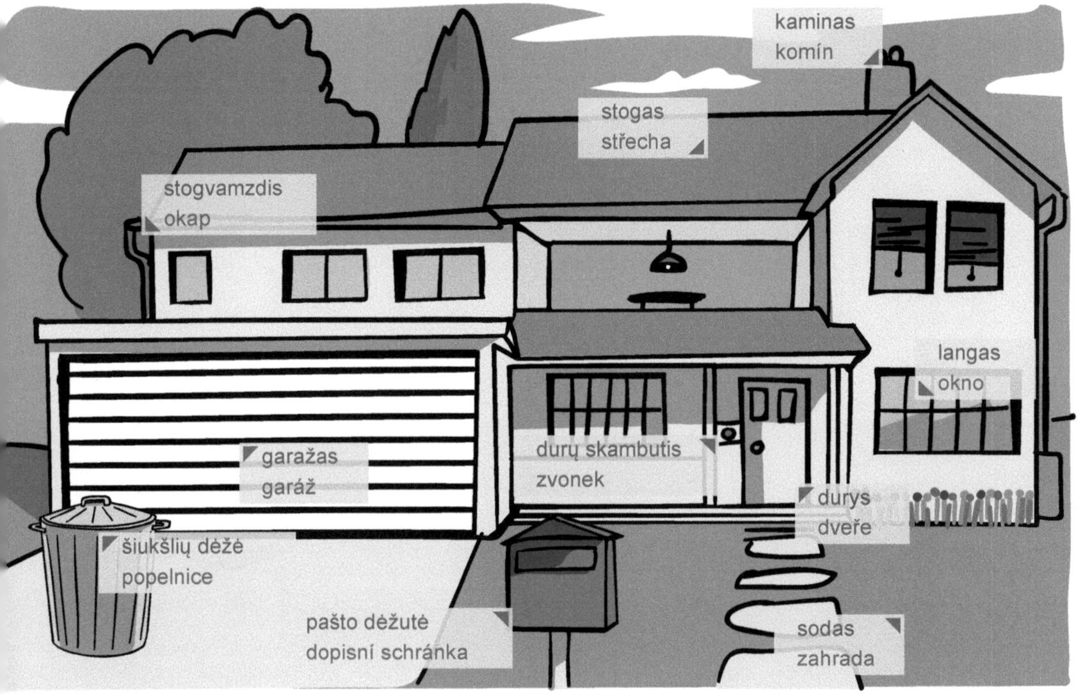

kaminas
komín

stogas
střecha

stogvamzdis
okap

langas
okno

garažas
garáž

durų skambutis
zvonek

durys
dveře

šiukšlių dėžė
popelnice

pašto dėžutė
dopisní schránka

sodas
zahrada

svetainė

obývací pokoj

vonios kambarys

koupelna

virtuvė

kuchyně

miegamasis

ložnice

vaiko kambarys

dětský pokoj

valgomasis

jídelna

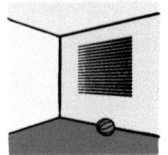

grindys
podlaha

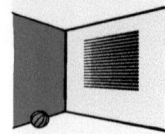

siena
zeď

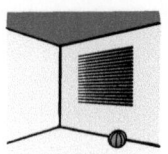

lubos
deka

rūsys
sklep

sauna
sauna

balkonas
balkón

terasa
terasa

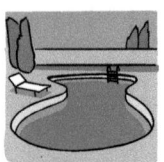

baseinas
bazén

žoliapjovė
sekačka na trávu

paklodė
ložní prádlo

lovatiesė
lůžková přikrývka

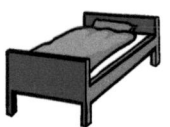

lova
postel

šluota
smeták

kibiras
kýbl

jungiklis
vypínač

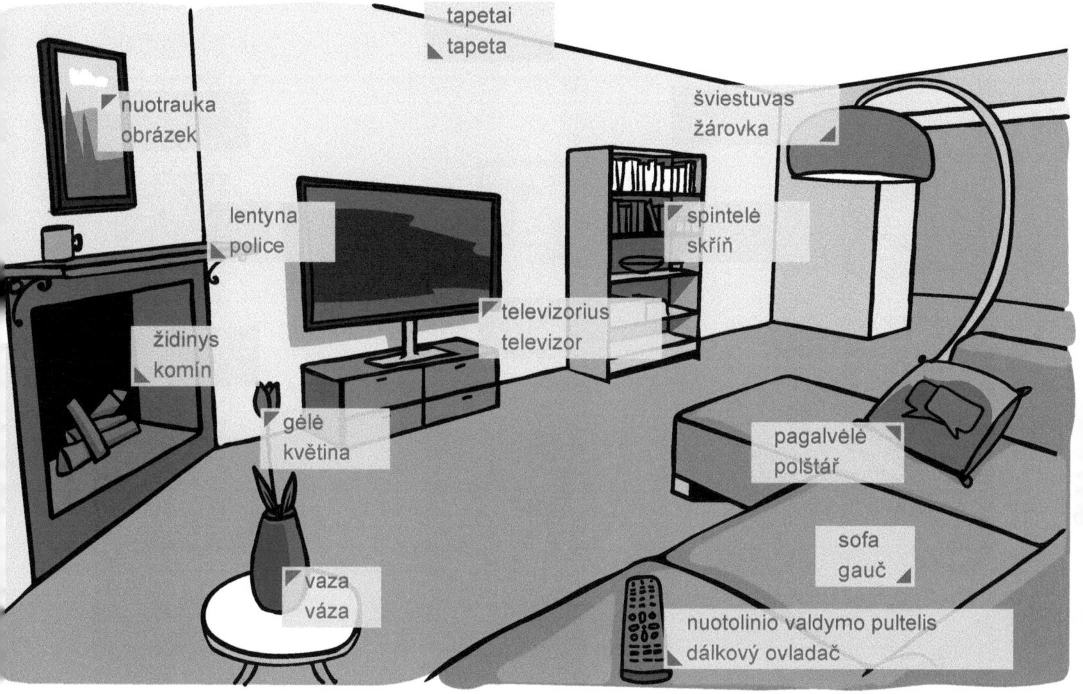

tapetai
tapeta

nuotrauka
obrázek

šviestuvas
žárovka

lentyna
police

spintelė
skříň

židinys
komín

televizorius
televizor

gėlė
květina

pagalvėlė
polštář

vaza
váza

sofa
gauč

nuotolinio valdymo pultelis
dálkový ovladač

kilimas
koberec

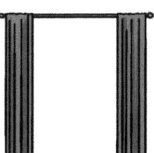

užuolaida
závěs

stalas
stůl

kėdė
židle

supamasis krėslas
houpací křeslo

fotelis
křeslo

knyga

kniha

antklodė

strop

papuošimai

ozdoba

malkos

palivové dříví

filmas

film

stereo aparatūra

stereo souprava

raktas

klíč

laikraštis

noviny

paveikslas

malba

plakatas

plakát

radijas

rádio

užrašų knygelė

poznámkový blok

dulkių siurblys

vysavač

kaktusas

kaktus

žvakė

svíce

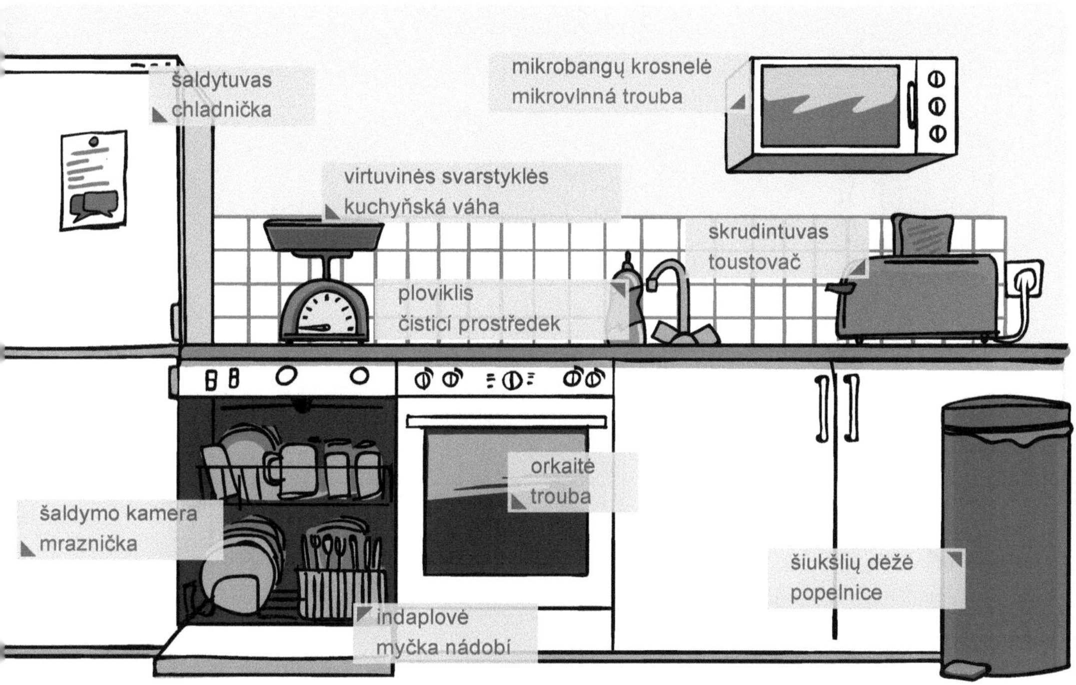

šaldytuvas
chladnička

mikrobangų krosnelė
mikrovlnná trouba

virtuvinės svarstyklės
kuchyňská váha

skrudintuvas
toustovač

ploviklis
čisticí prostředek

šaldymo kamera
mrazníčka

orkaitė
trouba

šiukšlių dėžė
popelnice

indaplovė
myčka nádobí

viryklė
....
sporák

puodas
....
hrnec

ketaus puodas
....
litinový hrnec

„wok" keptuvė
....
wok / kadai

keptuvė
....
pánev

virdulys
....
varná konvice

garų puodas

parní hrnec

kepimo skarda

plech na pečení

porceliano indai

nádobí

puodelis

hrnek

dubuo

miska

valgomosios lazdelės

jídelní hůlky

samtis

naběračka

mentelė

obracečka

plaktuvas

metla

koštuvas

síto

sietas

cedník

trintuvė

struhadlo

grūstuvė

hmoždíř

kepsninė

gril

atvira liepsna

ohniště

pjaustymo lentelė

prkénko na krájení

kočėlas

váleček na těsto

kamščiatraukis

vývrtka

skardinė

dóza

skardinių atidarytuvas

otvírák na konzervy

puodkėlė

chňapka

kriauklė

umyvadlo

šepetys

kartáč na nádobí

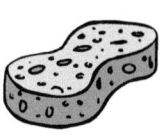

kempinė

houba

trintuvas

mixér

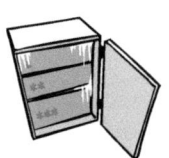

šaldiklis

mrazák

kūdikių buteliukas

dětská lahev

čiaupas

kohoutek

virtuvė - kuchyně

vonios kambarys
koupelna

dušas
sprcha
šildymas
topení
rankšluostis
ručník
dušo užuolaidos
sprchový závěs
vonios putos
pěnová koupel
vonia
vana
stiklinė
sklenička
skalbimo mašina
pračka
čiaupas
kohoutek
plytelės
obkladačky
naktinis puodukas
nočník
kriauklė
umyvadlo

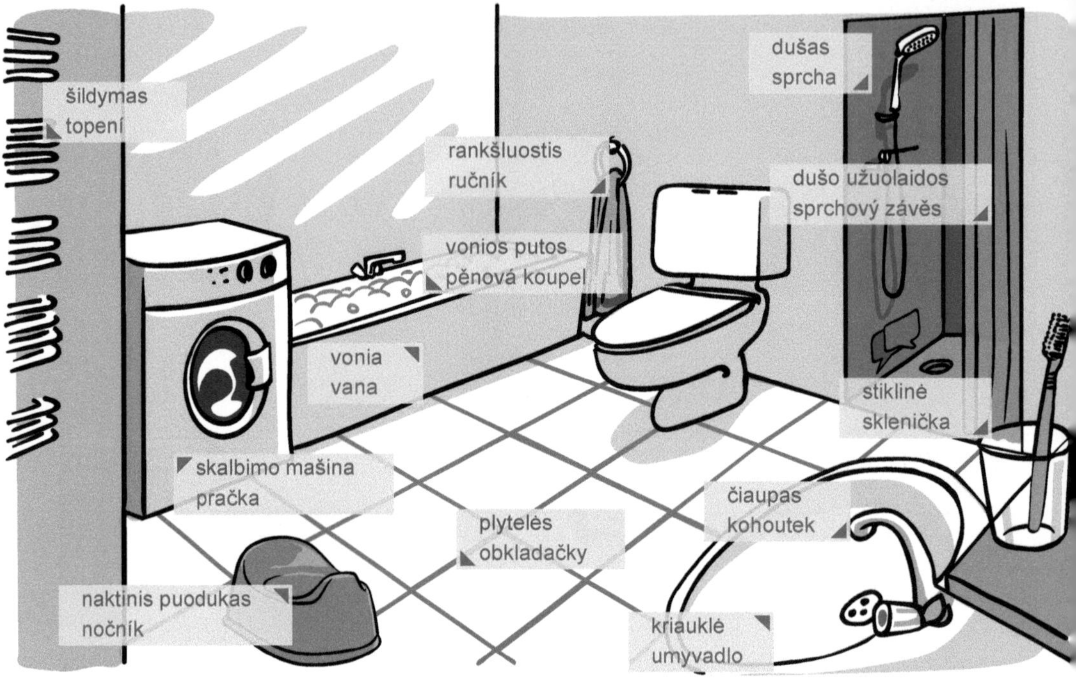

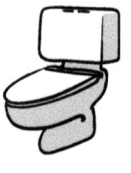

unitazas

záchod

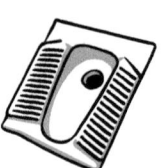

tupimasis unitazas

turecký záchod

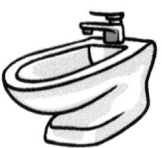

bidė

bidet

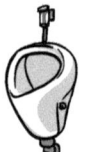

pisuaras

pisoár

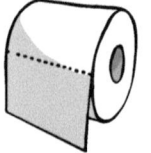

tualetinis popierius

toaletní papír

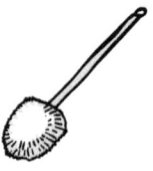

unitazo šepetys

záchodová štětka

dantų šepetėlis

zubní kartáček

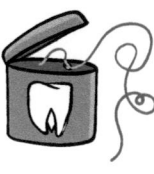

dantų pasta

zubní pasta

dantų siūlas

zubní niť

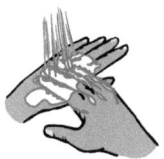

plauti

mýt

dušo galvutė

ruční sprcha

higieninis dušas

intimní sprcha

praustuvas

umyvadlo

nugaros plaušinė

kartáč na záda

muilas

mýdlo

dušo želė

sprchový gel

šampūnas

šampón

plaušinė

žínka

kanalizacija

odpad

kremas

krém

dezodorantas

deodorant

veidrodis

zrcadlo

veidrodėlis

kosmetické zrcátko

skustuvas

holicí strojek

skutimosi putos

pěna na holení

losjonas po skutimosi

voda po holení

šukos

hřeben

šepetys

kartáč

plaukų džiovintuvas

fén

plaukų lakas

lak na vlasy

makiažas

makeup

lūpdažis

rtěnka

nagų lakas

lak na nehty

vata

vata

žirklutės nagams

nůžky na nehty

kvepalai

parfém

maišelis skalbiniams
taška s toaletními potřebami

taburetė
stolička

svarstyklės
váha

chalatas
župan

guminės pirštinės
gumové rukavice

tamponas
tampón

higieninis įklotas
dámská vložka

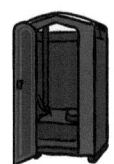

biotualetas
chemická toaleta

vaiko kambarys
dětský pokoj

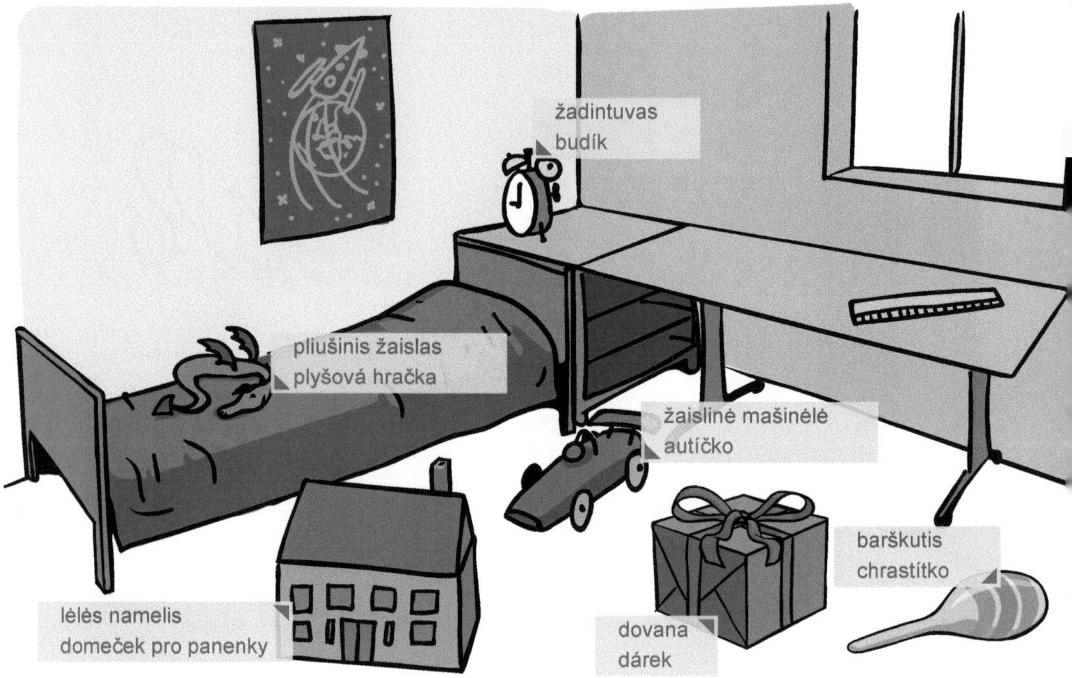
žadintuvas
budík
pliušinis žaislas
plyšová hračka
žaislinė mašinėlė
autíčko
barškutis
chrastítko
lėlės namelis
domeček pro panenky
dovana
dárek

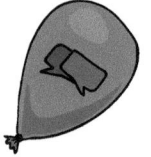

balionas

balón

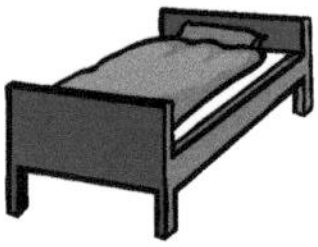

lova

postel

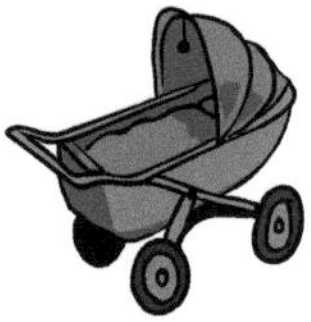

vaikiškas vežimėlis

kočárek

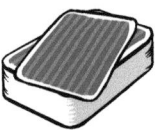

kortų malka

balíček karet

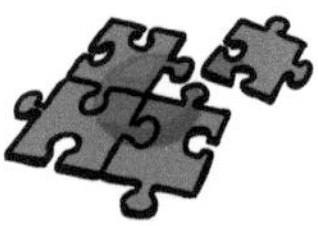

delionė

puzzle

SUPER
MEGA

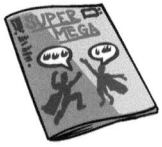

komiksai

komiks

lego kaladėlės

lego kostky

žaislinės kaladėlės

stavebnice

figūrėlė

akční figurka

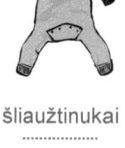

šliaužtinukai

dupačky

mėtymo lėkštė

frisbee

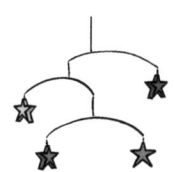

karuselė

závěsné hračky nad postýlku

stalo žaidimas

desková hra

kauliukai

kostky

žaislinis traukinys

modelová železnice

žindukas

dudlík

vakarėlis

oslava

paveiksliukų knygelė

obrázková kniha

kamuolys

míč

lėlė

panenka

žaisti

hrát si

smėlio dėžė

pískoviště

sūpynės

houpačka

žaislai

hračky

žaidimų konsolė

hrací konzole

triratukas

tříkolka

meškiukas

medvídek

drabužių spinta

šatník

drabužis

oblečení

kojinės

ponožky

kojinės virš kelių

punčochy

pėdkelnės

punčochové kalhoty

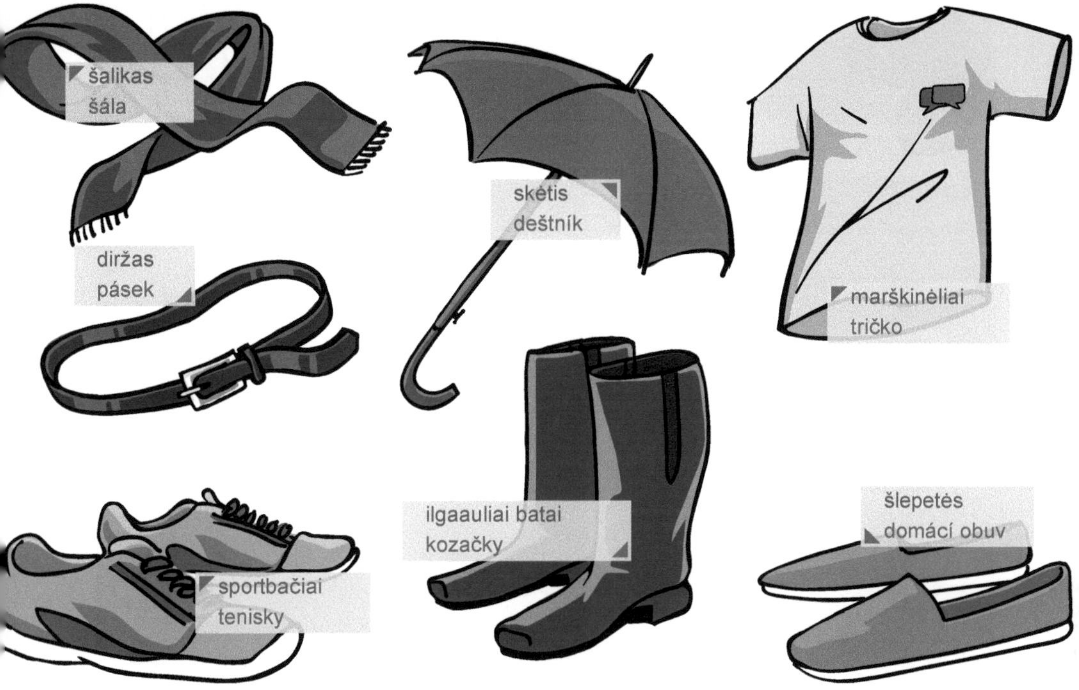

šalikas
šála

skėtis
deštník

marškinėliai
tričko

diržas
pásek

ilgaauliai batai
kozačky

šlepetės
domácí obuv

sportbačiai
tenisky

sandalai
....
sandály

batai
....
obuv

guminiai batai
....
holínky

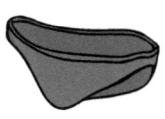

trumpikės
....
spodní prádlo

liemenėlė
....
podprsenka

liemenė
....
nátělník

glaustinukė

body

kelnės

kalhoty

džinsai

džíny

sijonas

sukně

palaidinė

blůza

marškiniai

košile

megztinis

svetr

megztinis su gobtuvu

mikina

švarkelis

blejzr

švarkas

bunda

paltas

kabát

lietpaltis

pláštěnka

kostiumas

kostým

suknelė

šaty

vestuvinė suknelė

svatební šaty

kostiumas

oblek

naktiniai marškiniai

noční košile

pižama

pyžamo

saris

sárí

skarelė

šátek na hlavu

tiurbanas

turban

burka

burka

kaftanas

kaftan

abaja

abája

maudymosi kostiumėlis

plavky

glaudės

pánské plavky

šortai

kraťasy

sportinis kostiumas

tepláková souprava

prijuostė

zástěra

pirštinės

rukavice

saga

knoflík

akiniai

brýle

apyrankė

náramek

vėrinys

náhrdelník

žiedas

prsten

auskaras

náušnice

kepurė

čepice

pakabas

ramínko

skrybėlė

klobouk

kaklaraištis

kravata

užtrauktukas

zip

šalmas

helma

breketai

kšandy

mokyklinė uniforma

školní uniforma

uniforma

uniforma

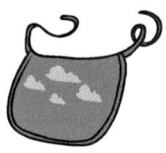

seilinukas

bryndák

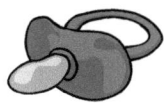

žindukas

dudlík

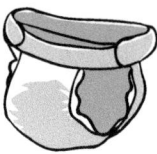

vystyklai

plena

biuras
kancelář

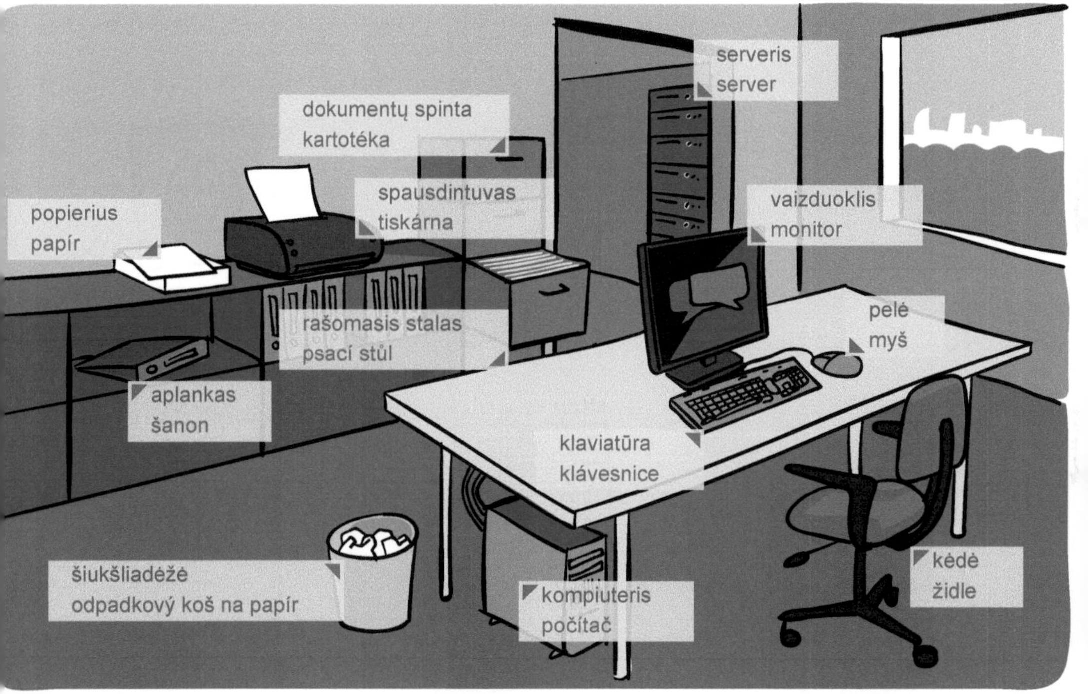
serveris
server
dokumentų spinta
kartotéka
spausdintuvas
tiskárna
popierius
papír
vaizduoklis
monitor
pelė
myš
rašomasis stalas
psací stůl
aplankas
šanon
klaviatūra
klávesnice
šiukšliadėžė
odpadkový koš na papír
kompiuteris
počítač
kėdė
židle

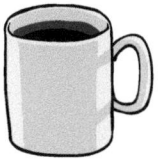

kavos puodelis

hrnek na kávu

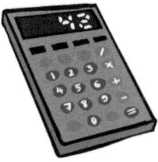

kalkuliatorius

kalkulačka

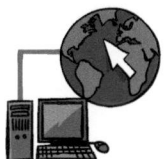

internetas

internet

nešiojamasis kompiuteris

notebook

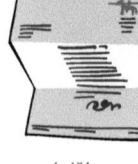

laiškas

dopis

žinutė

zpráva

mobilusis telefonas

mobil

tinklas

síť

fotokopijavimo aparatas

kopírka

programinė įranga

software

telefonas

telefon

kištukinis lizdas

zásuvka

faksas

fax

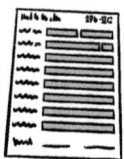

forma

formulář

dokumentas

dokument

pirkti

nakupovat

moketi

zaplatit

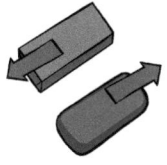

prekiauti

jednat

pinigai

peníze

USD

doleris

dolar

EUR

euras

euro

JPY

jena

jen

RUB

rublis

rubl

CHF

Šveicarijos frankas

frank

CNY

juanis

juan

INR

rupija

rupie

bankomatas

bankomat

valiutos keitykla

směnárna

auksas

zlato

sidabras

stříbro

nafta

olej

energija

energie

kaina

cena

sutartis

smlouva

mokestis

daň

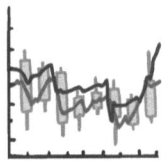

akcijos

akcie

dirbti

pracovat

darbuotojas

zaměstnanec

darbdavys

zaměstnavatel

gamykla

továrna

parduotuvė

obchod

profesijos
povolání

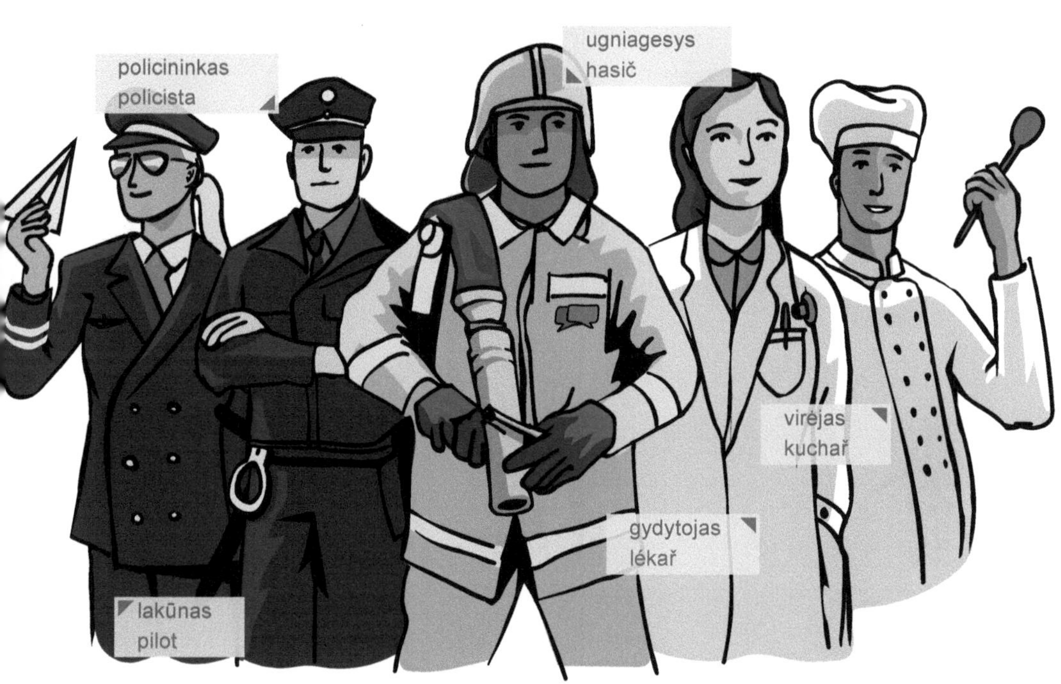
policininkas
policista
ugniagesys
hasič
virėjas
kuchař
gydytojas
lékař
lakūnas
pilot

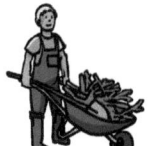

sodininkas

zahradník

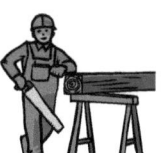

stalius

truhlář

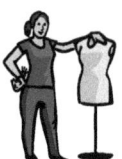

siuvėja

švadlena

teisėjas

soudce

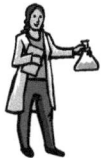

chemikas

chemik

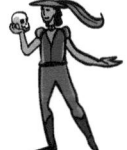

aktorius

herec

autobuso vairuotojas

řidič autobusu

taksi vairuotojas

řidič taxi

žvejys

rybář

valytoja

uklízečka

stogdengys

pokrývač

padavėjas

číšník

medžiotojas

myslivec

dailininkas

malíř

kepėjas

pekař

elektrikas

elektrikář

statybininkas

stavební dělník

inžinierius

inženýr

mėsininkas

řezník

santechnikas

klempíř

paštininkas

listonoš

kareivis

vojak

architektas

architekt

kasininkas

pokladní

gėlininkas

florista

kirpėjas

kadeřník

konduktorius

průvodčí

mechanikas

mechanik

kapitonas

kapitán

odontologas

zubař

mokslininkas

vědec

rabinas

rabín

imamas

imám

vienuolis

mnich

kunigas

duchovní

įrankiai
nářadí

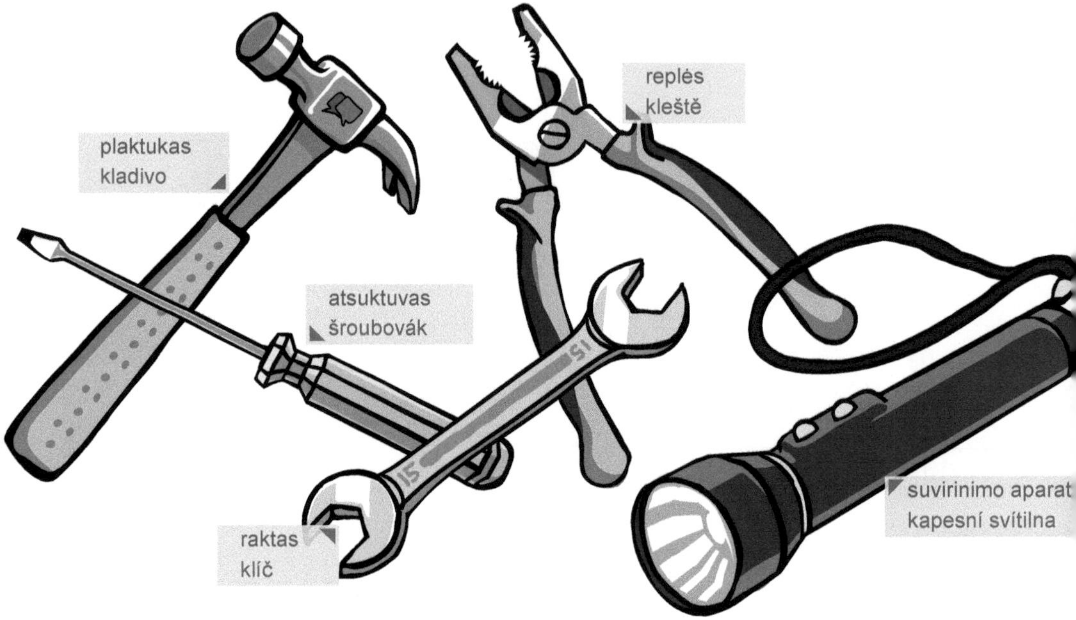
plaktukas
kladivo
replės
kleště
atsuktuvas
šroubovák
suvirinimo aparat
kapesní svítilna
raktas
klíč

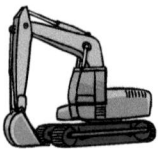

ekskavatorius

bagr

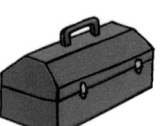

įrankių dėžė

skříň na nářadí

kopėčios

žebřík

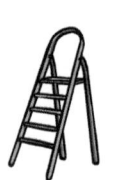

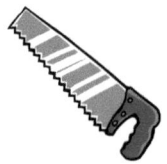

pjūklas

pila

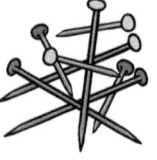

vinys

hřebíky

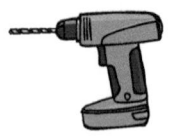

grąžtas

vrtačka

taisyti

opravit

kastuvas

lopata

Velniava!

Kurva!

semtuvėlis

lopatka

dažų skardinė

vědroé na barvu

varžtai

šrouby

muzikos instrumentai
hudební nástroje

garsiakalbis
reproduktor

būgnų rinkinys
bicí

gitara
kytara

kontrabosas
kontrabas

trimitas
trubka

pianinas

klavír

smuikas

housle

bosinė gitara

basa

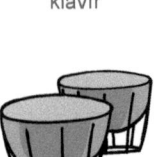

timpanas

tympán

būgnai

bubny

sintezatorius

keyboard

saksofonas

saxofon

fleita

flétna

mikrofonas

mikrofon

zoologijos sodas
zoo

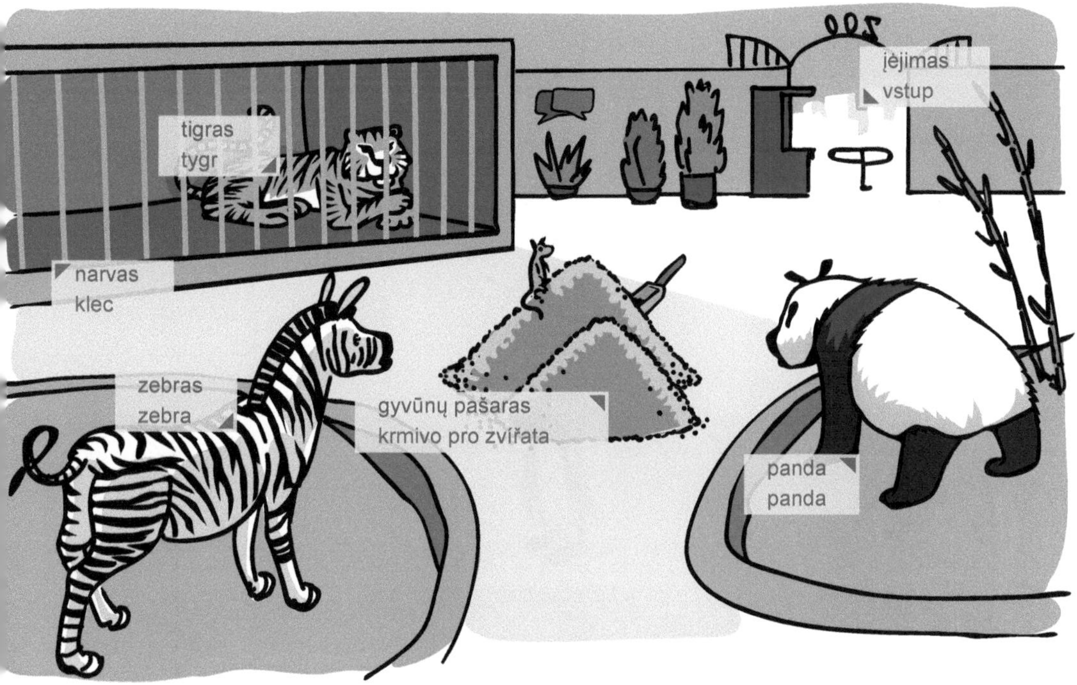

tigras
tygr
įėjimas
vstup
narvas
klec
zebras
zebra
gyvūnų pašaras
krmivo pro zvířata
panda
panda

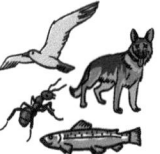

gyvūnai
zvířata

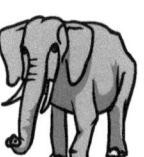

dramblys
slon

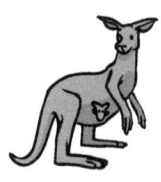

kengūra
klokan

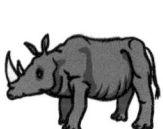

raganosis
nosorožec

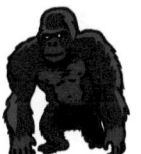

gorila
gorila

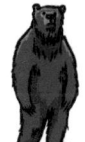

meška
medvěd

kupranugaris

velbloud

strutis

pštros

liūtas

lev

beždžionė

opice

flamingas

plameňák

papūga

papoušek

baltoji meška

lední medvěd

pingvinas

tučňák

ryklys

žralok

povas

páv

gyvatė

had

krokodilas

krokodýl

zoologijos sodo prižiūrėtojas

ošetřovatel zvířat

ruonis

tuleň

jaguaras

jaguár

ponis

poník

leopardas

leopard

begemotas

hroch

žirafa

žirafa

erelis

orel

šernas

divoké prase

žuvis

ryby

vėžlys

želva

vėplys

mrož

lapė

liška

gazelė

gazela

amerikietiškas futbolas
americký fotbal

dviračių sportas
cyklistika

tenisas
tenis

krepšinis
košíková

plaukimas
plavání

boksas
box

ledo ritulys
lední hokej

futbolas
kopaná

badmintonas
badminton

atletika
lehká atletika

rankinis
házená

slidinėjimas
běh na lyžích

polas
vodní pólo

juoktis / smát se

šokinėti / skočit

apkabinti / objímat

vaikščioti / jít

dainuoti / zpívat

svajoti / snít

melstis / modlit se

bučiuoti / políbit

rašyti	piešti	rodyti
psát	kreslit	ukazovat
stumti	duoti	imti
tlačit	dát	vzít si

turėti
....
mít

daryti
....
dělat

būti
....
být

stovėti
....
stát

bėgti
....
běhat

traukti
....
táhnout

mesti
....
hodit

kristi
....
padat

meluoti
....
ležet

laukti
....
čekat

nešti
....
nosit

sėdėti
....
sedět

rengtis
....
oblékat

miegoti
....
spát

pabusti
....
vzbudit se

žiūrėti
·············
prohlédnout si

verkti
·············
plakat

glostyti
·············
pohladit

šukuoti
·············
česat

kalbėti
·············
hovořit

suprasti
·············
rozumět

paklausti
·············
ptát se

klausytis
·············
slyšet

gerti
·············
pít

valgyti
·············
jíst

tvarkytis
·············
uklidit

mylėti
·············
milovat

gaminti
·············
vařit

vairuoti
·············
jet

skristi
·············
letět

buriuoti

plachtit

skaičiuoti

počítat

skaityti

číst

mokytis

učit se

dirbti

pracovat

vesti

vzít si

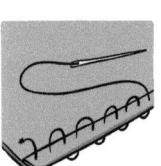

siūti

šít

valytis dantis

čistit si zuby

žudyti

zabít

rūkyti

kouřit

siųsti

poslat

senelė
babička

senelis
dědeček

tėvas
otec

motina
matka

kūdikis
dítě

dukra
dcera

sūnus
syn

svečias
....
host

teta
....
teta

dėdė
....
strýc

brolis
....
bratr

sesuo
....
sestra

kūnas
tělo

kakta
čelo
akis
oko
petys
rameno
pirštas
prst
veidas
obličej
smakras
brada
plaštaka
ruka
koja
dolní končetina
krūtinė
hruď
ranka
paže

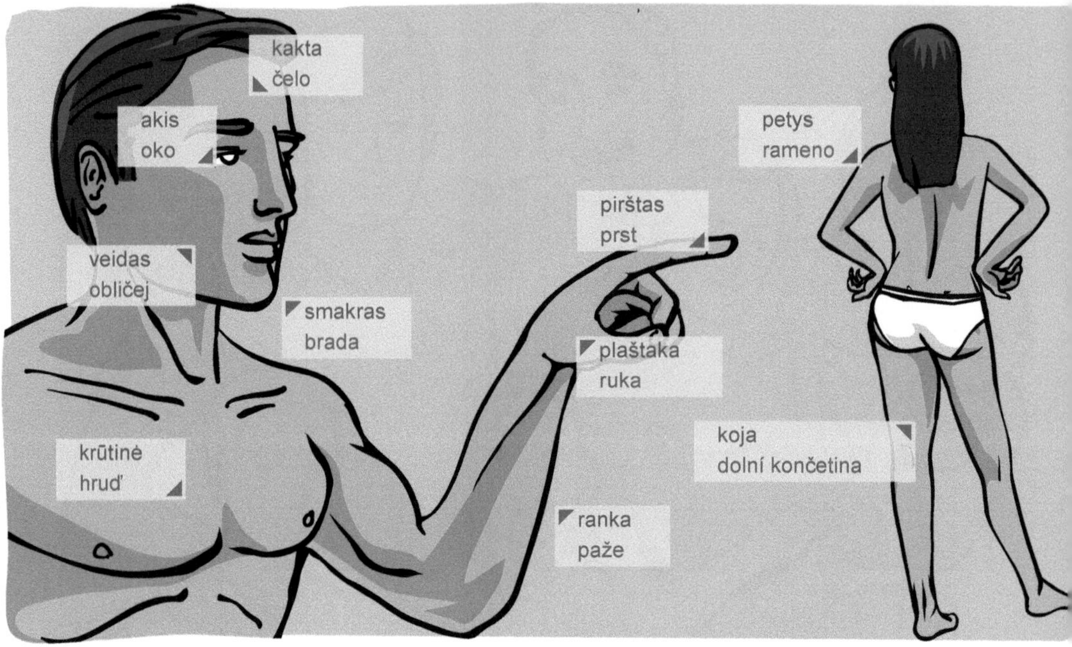

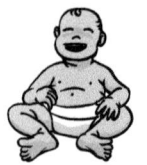

kūdikis
dítě

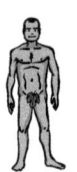

vyras
muž

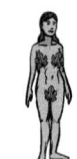

moteris
žena

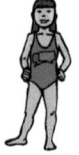

mergaitė
dívka

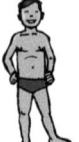

berniukas
chlapec

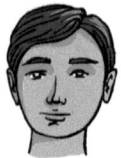

galva
hlava

nugara

záda

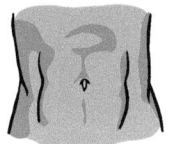

pilvas

břicho

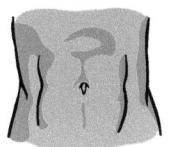

bamba

pupík

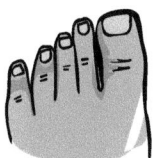

kojos pirštas

prst na noze

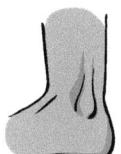

kulnas

pata

kaulas

kost

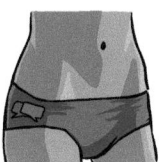

klubas

bok

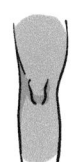

kelis

koleno

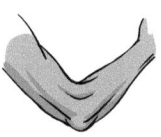

alkūnė

loket

nosis

nos

sėdmenys

zadek

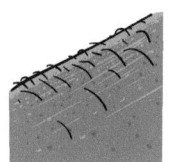

oda

kůže

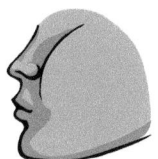

skruostas

tvář

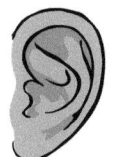

ausis

ucho

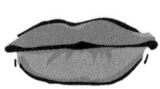

lūpa

ret

burna
ústa

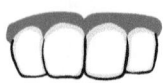

dantis
zub

liežuvis
jazyk

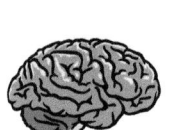

smegenys
mozek

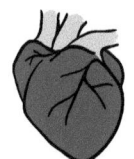

širdis
srdce

raumuo
sval

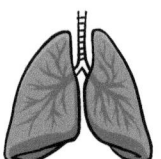

plaučiai
plíce

kepenys
játra

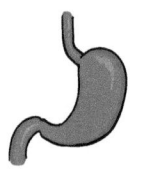

skrandis
žaludek

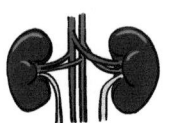

inkstai
ledviny

seksas
pohlavní styk

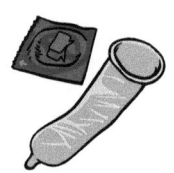

prezervatyvas
kondom

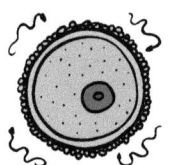

kiaušialąstė
vajíčko

sperma
sperma

něštumas
těhotenství

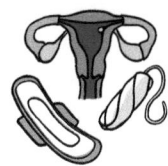

menstruacijos

menstruace

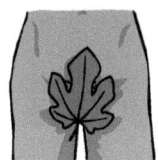

makštis

vagina

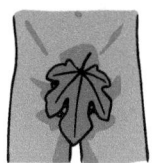

varpa

penis

antakis

obočí

plaukai

vlasy

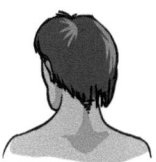

kaklas

krk

ligoninė
nemocnice

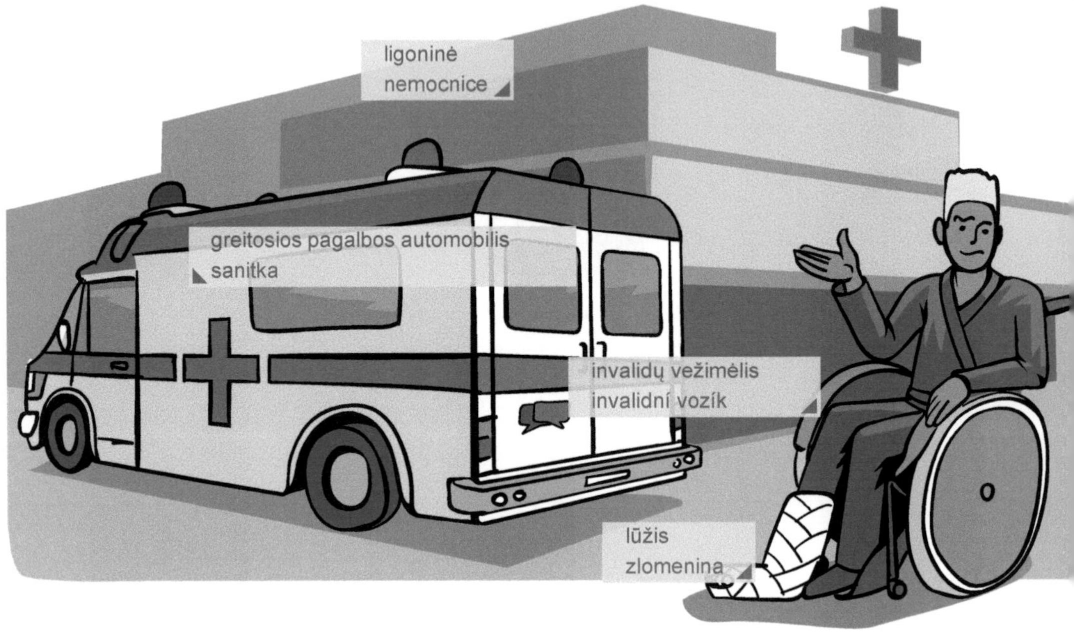

ligoninė
nemocnice
greitosios pagalbos automobilis
sanitka
invalidų vežimėlis
invalidní vozík
lūžis
zlomenina

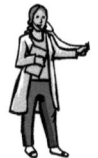

gydytojas

lékař

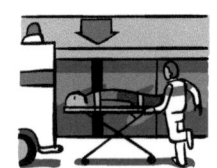

skubios pagalbos skyrius

pohotovost

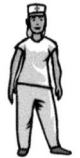

slaugytoja

zdravotní sestra

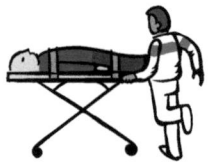

nelaimingas atsitikimas

urgentní případ

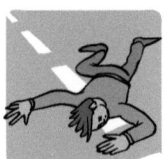

be sąmonės

v bezvědomí

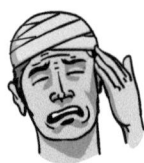

skausmas

bolest

sužalojimas

úraz

kraujavimas

krvácení

širdies smūgis

infarkt myokardu

insultas

cévní mozková příhoda

alergija

alergie

kosulys

kašel

karščiavimas

horečka

gripas

chřipka

viduriavimas

průjem

galvos skausmas

bolest hlavy

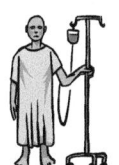

vėžys

rakovina

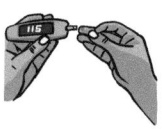

diabetas

cukrovka

chirurgas

chirurg

skalpelis

skalpel

operacija

operace

KT

CT

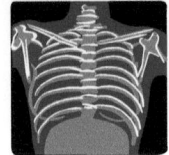

rentgenas

rentgen

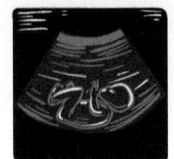

ultragarsas

ultrazvuk

veido kaukė

maska

liga

nemoc

laukiamasis

čekárna

ramentas

berle

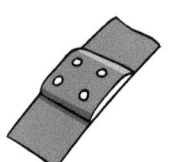

gipsas

náplast

tvarstis

obvaz

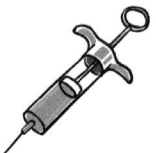

injekcija

injekce

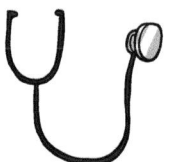

stetoskopas

stetoskop

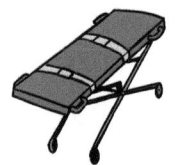

neštuvai

nosítka

termometras

teploměr

gimimas

porod

antsvoris

nadváha

klausos aparatas

naslouchátko

dezinfekavimo priemonė

dezinfekční prostředek

infekcija

infekce

virusas

virus

ŽIV / AIDS

HIV / AIDS

vaistas

lékařství

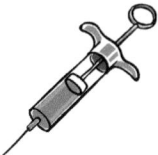

skiepijimas

očkování

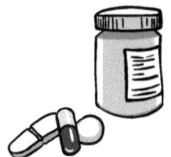

tabletės

tablety

piliulė

pilulka

skubios pagalbos numeris

tísňové volání

kraujospūdžio matuoklis

tonometr

ligotas / sveikas

nemocný / zdravý

Padėkite!

Pomoc!

pavojaus signalas

poplach

užpuolimas

přepadení

ataka

napadení

pavojus

nebezpečí

avarinis išėjimas

nouzový východ

Gaisras!

Hoří!

gesintuvas

hasicí přístroj

nelaimingas atsitikimas

nehoda

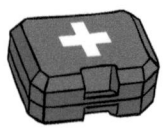

pirmosios pagalbos rinkinys

zdravotnická brašna

SOS

SOS

policija

policie

Europa

Evropa

Šiaurės Amerika

Severní Amerika

Pietų Amerika

Jižní Amerika

Afrika

Afrika

Azija

Asie

Australija

Austrálie

Atlanto vandenynas

Atlantik

Ramusis vandenynas

Pacifik

Indijos vandenynas

Indický oceán

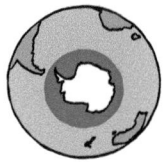

Pietų vandenynas

Jižní ledový oceán

Arkties vandenynas

Severní ledový oceán

Šiaurės ašigalis

severní pól

Pietų ašigalis

jižní pól

Antarktida

Antarktida

Žemė

země

sausuma

pevnina

jūra

moře

sala

ostrov

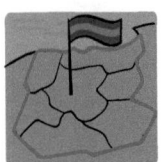

tauta

národ

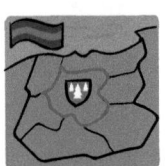

valstybė

stát

ciferblatas

ciferník

valandinė rodyklė

hodinová ručička

minutinė rodyklė

minutová ručička

sekundinė rodyklė

vteřinová ručička

Kiek valandų?

Kolik je hodin?

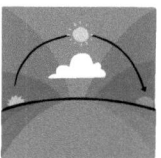

diena

den

laikas

čas

dabar

teď

skaitmeninis laikrodis

digitální hodinky

minutė

minuta

valanda

hodina

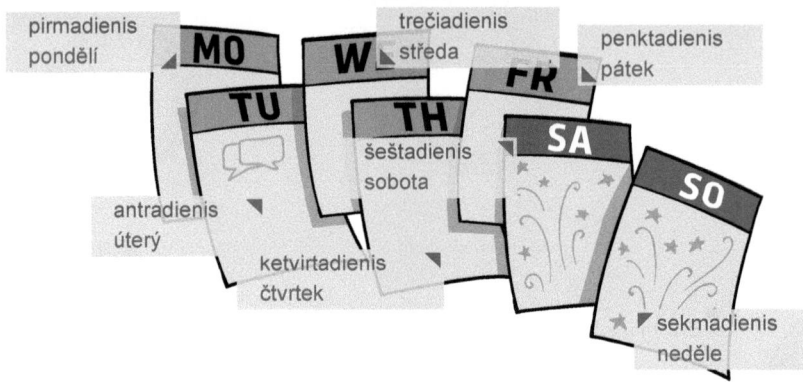

pirmadienis
pondělí

trečiadienis
středa

penktadienis
pátek

antradienis
úterý

šeštadienis
sobota

ketvirtadienis
čtvrtek

sekmadienis
neděle

vakar
....
včera

šiandien
....
dnes

rytoj
....
zítra

rytas
....
ráno

vidurdienis
....
poledne

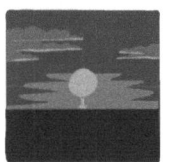

vakaras
....
večer

darbo dienos
....
pracovní dny

savaitgalis
....
víkend

metai
rok

lietus
déšť
vaivorykštė
duha
sniegas
sníh
vėjas
vítr
pavasaris
jaro
ruduo
podzim
vasara
léto
žiema
zima

4.APRIL 11°
5.APRIL 4°
6.APRIL 13°
7.APRIL 8°
8.APRIL 10°

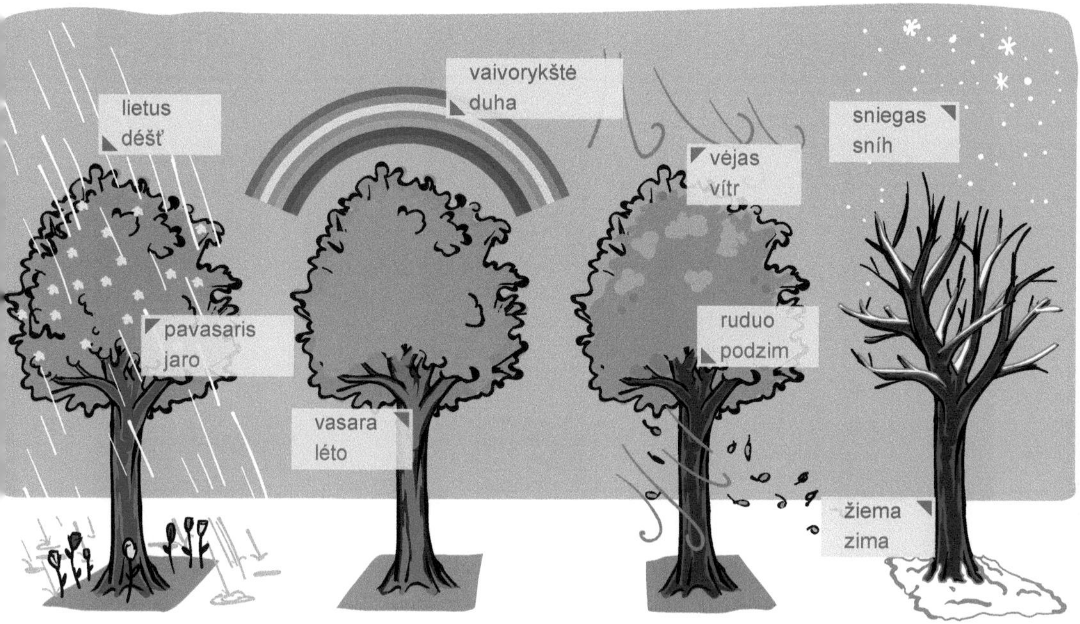

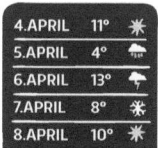

orų prognozė

předpověď počasí

F C
120 40
90 30
60 20
30 10
0 0
-30 -10
-20

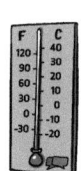

lauko termometras

teploměr

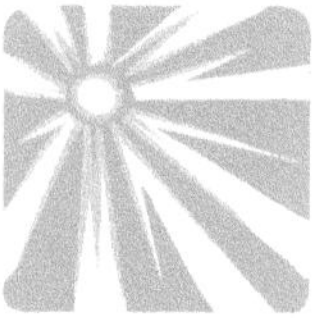

saulės šviesa

sluneční svit

debesis

mrak

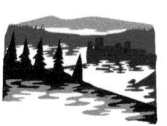

rūkas

mlha

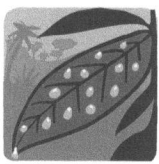

drėgmė

vlhkost

žaibas

blesk

griaustinis

hrom

audra

bouřka

kruša

kroupy

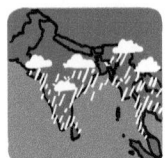

musonas

monzun

potvynis

povodeň

ledas

led

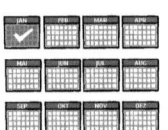

sausis

leden

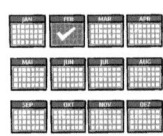

vasaris

únor

kovas

březen

balandis

duben

gegužė

květen

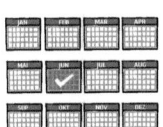

birželis

červen

liepa

červenec

rugpjūtis

srpen

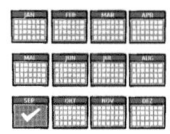

rugsėjis
....
září

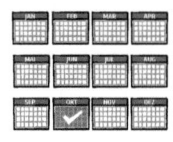

spalis
....
říjen

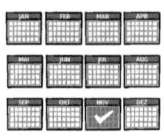

lapkritis
....
listopad

gruodis
....
prosinec

formos

tvary

apskritimas
....
kruh

kvadratas
....
čtverec

stačiakampis
....
obdélník

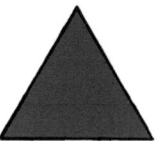

trikampis
....
trojúhelník

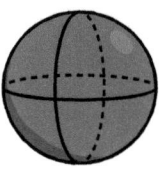

sfera
....
koule

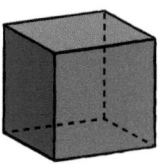

kubas
....
krychle

balta
....
bílá

geltona
....
žlutá

oranžinė
....
oranžová

rožinė
....
růžová

raudona
....
červená

violetinė
....
fialová

mėlyna
....
modrá

žalia
....
zelená

ruda
....
hnědá

pilka
....
šedá

juoda
....
černá

daug / mažai

hodně / málo

piktas / ramus

rozzuřený / mírumilovný

gražus / bjaurus

krásný / ošklivý

pradžia / pabaiga

začátek / konec

didelis / mažas

velký / malý

šviesus / tamsus

světlý / tmavý

brolis / sesuo

bratr / sestra

švarus / purvinas

čistý / špinavý

užbaigtas / neužbaigtas

úplný / neúplný

diena / naktis

den / noc

miręs / gyvas

mrtvý / živý

platus / siauras

široký / úzký

valgomas / nevalgomas

jedlý / nejedlý

piktas / malonus

zlý / hodný

linksmas / nuobodus

vzrušený / znuděný

storas / plonas

tlustý / hubený

pirmiausia / paskiausia

nejdříve / naposledy

draugas / priešas

přítel / nepřítel

pilnas / tuščias

plný / prázdný

kietas / minkštas

tvrdý / měkký

sunkus / lengvas

těžký / lehký

alkis / troškulys

hlad / žízeň

ligotas / sveikas

nemocný / zdravý

nelegalus / legalus

ilegální / legální

protingas / kvailas

inteligentní / hloupý

kairė / dešinė

vlevo / vpravo

arti / toli

blízko / daleko

naujas / naudotas

nový / použitý

niekas / kažkas

nic / něco

senas / jaunas

starý / mladý

jjungta / išjungta

zapnutý / vypnutý

atidaryta / uždaryta

otevřeno / zavřeno

tylus / garsus

tichý / hlasitý

turtingas / vargšas

bohatý / chudý

teisus / neteisus

správný / špatný

šiurkštus / švelnus

drsný / hladký

liūdnas / laimingas

smutný / šťastný

trumpas / ilgas

krátký / dlouhý

lėtas / greitas

pomalý / rychlý

drėgnas / sausas

vlhký / suchý

šiltas / šaltas

teplý / chladný

karas / taika

válka / mír

0

nulis

nula

1

vienas

jedna

2

du

dva

3

trys

tři

4

keturi

čtyři

5

penki

pět

6

šeši

šest

7

septyni

sedm

8

aštuoni

osm

9

devyni

devět

10

dešimt

deset

11

vienuolika

jedenáct

12

dvylika

dvanáct

13

trylika

třináct

14

keturiolika

čtrnáct

15

penkiolika

patnáct

16

šešiolika

šestnáct

17

septyniolika

sedmnáct

18

aštuoniolika

osmnáct

19

devyniolika

devatenáct

20

dvidešimt

dvacet

100

šimtas

sto

1.000

tūkstantis

tisíc

1.000.000

milijonas

milion

anglų

angličtina

amerikiečių anglų

americká angličtina

kinų (mandarinų)

standardní čínština

hindi

hindština

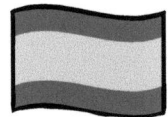

ispanų

španělština

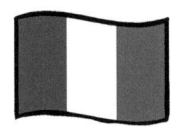

prancūzų

francouzština

arabų

arabština

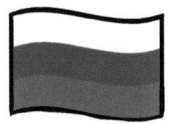

rusų

ruština

portugalų

portugalština

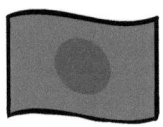

bengalų

bengálština

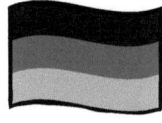

vokiečių

němčina

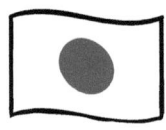

japonų

japonština

aš
já

tu
ty

jis / ji
on / ona / ono

mes
my

jūs
vy

jie
oni

kas?
Kdo?

ką?
Co?

kaip?
Jak?

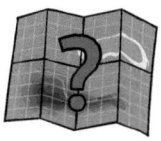

kur?
Kde?

kada?
Kdy?

vardas
jméno

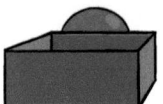

už
....
za

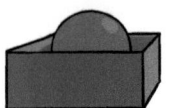

kur (vieta)
....
do

priešais
....
z

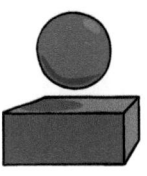

virš
....
nad

ant
....
na

po
....
mezi

prie
....
vedle

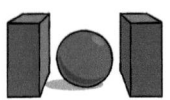

tarp
....
mezi

vieta
....
místo